Premières Lectures

par
arie Guerrier de Haupt
Lauréat de
l'Académie Française.

Premières Lectures

par

Marie Guerrier de Haupt,

Lauréat de l'Académie Française.

Illustrées par :—

M. Bowley,
M. F. Taylor,
et J. W. Grey.

LIBRAIRIE ARTISTIQUE
DE LA JEUNESSE

Raphaël Tuck & Fils,

Paris.

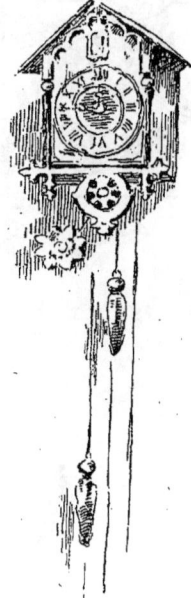

2

M. BOWLEY

A B C D E F

G H I J K L M N

O P Q R S T U V

W X Y Z.

a b c d e f g h i j k l

m n o p q r s t u v w

x y z.

1 2 3 4 5 6 7 8 9 0

LES BONS PETITS ÉCOLIERS

ba	be	bi	bo	bu
ca	ce	ci	co	cu
da	de	di	do	du
fa	fe	fi	fo	fu
ga	ge	gi	go	gu
ha	he	hi	ho	hu
ja	je	ji	jo	ju
ka	ke	ki	ko	ku
la	le	li	lo	lu
ma	me	mi	mo	mu
na	ne	ni	no	nu

pa	pe	pi	po	pu
qua (ca)	que	qui	quo	qu
ra	re	ri	ro	ru
sa	se	si	so	su
ta	te	ti	to	tu
va	ve	vi	vo	vu
za	ze	zi	zo	zu

a mi   ba ba   co co   da da   é co le   ca fé

fi gé   fa mine   fé li ci té   fi gu re   ga re   gi ra fe

go bé   je té   ju ge   ha bi tu de   hé bé té

hé ri ta ge   hi la ri té   hu ma ni té   ki lo   la cu ne

la va bo   lu xe   ra ma ge   ré gi me   ru se

ma ca ro ni   ma li ce   mé de ci ne   mi di

mo bi le   na tu re   sa ge   sé cu ri té   zé ro

Le pe tit a mi.   Le bé bé sa ge.

Ma pe ti te da me.   Le va se de ca fé.

Le ta pa ge à l'é co le.   La ro be lé gè re.

Le pa pa sé vè re.   A na to le a lu.

U ne pa ge fa ci le.   Bé bé va li re.

Voyelles composées

an tre *am* bre *en* cre *em* pli temps vin timbré
p*ain* f*aim* fr*ein* *on* de *om* bre al *un* par *fum*
ou bli m*ai* g*eai* b*ey* r*ei* ne p*ei* ne *au* be
ca d*eau* f*eu* *œuf* pa*ill* e.

Diphtongues

p*ia* no pi *tié* p*io* che p*ieu* v*ian* de r*ien*
pen s*ion* l*oi* bourg *eois* s*oin* bé*douin* do*ua* ne
j*oué* j*ouant* R*ouen* L*oui*s r*ua* de S*uè* de l*ui*
J*uin*.

———

Le temps de l'été. Le pain est bon. Nous avons faim. Ce jeu est le mien. Le chien est loin.

ab cès   af fa ble

ab so lu   a gneau

ap ti tu de al ca de

cap ti vi té al ga ra de

ac ti ve   bal

bac   fal ba la

fac ti ce   sal si fis

bo rax   ar bús te

ad ju gé   ar ca de

ad mi ré   ar se nal

at las   bar be

fat   far ce

gar de   am ple

har di   as per ge

jar din   cas ca de

lar cin   fas te

mar di   mas ca ra de

nar cis se   ex cep té

par fum   bec

sar di ne   lec tu re

tar ti ne   ex po sé

ba zar   pré tex te

PETITES PHRASES
A LIRE SANS ÉPELLATION

Le so leil est chaud.

Les fleurs sont jo lies.

Je veux sa voir li re bien tôt.

Ma man m' ai me quand je suis sa ge.

Pa pa se fâ che quand je suis mé chant.

L' eau est clai re.

Les bon bons sont très doux.

La nei ge est tom bée

Ma pou pée est blon de.

Mon che val est à bas cu le.

Il va pleu voir.

Si le temps est beau de main nous i rons nous pro me ner.

Avez-vous a che vé de li re le li vre que je vous ai don né?

Les che vaux sont à l' é cu rie, les va ches dans l' é ta ble, les vo lail les dans la bas se - cour.

Em ma	Ca dix	pu nir	col por té	Tos ca ne
es ca la de	ca nif	im mo bi le	gol fe	sub di vi sé
des po te	pen sif	hym ne	sol fè ge	ir rup tion
ges te	ré tif	mys tè re	or ga ne	suc
dé tes té	li gnée	ob jec ter	cor de	chut
ves ti ge	i gni co le	ob te nir	dé cor	ri di cu le
ves te	il lu mi né	op ter	dor mir	cal cul
gib bo si té	ci vil	oc ta ve	for tu ne	mul ti tu de
dip tè re	sub til	doc to ral	hor lo ge	nul li té
ba si lic	syl la be	noc tur ne	A zor	sul tan
mas tic	ir ré so lu	toc sin	om ni bus	
vic ti me	fi nir	ox ford	som me	
A lix	a gir	dot	bas se	

LES VOIX
DANS LES ARBRES

Li li ai me à en ten dre, quand il fait du vent, le chant des pe ti tes feuil les qui s'a gi tent dans les ar bres.

As si se sur la plan che de sa ba lan çoi re el le fer me les yeux pour mieux les é cou ter.

Et les zé phyrs, vol ti geant au tour d'elle, lui ra con tent de jo lies cho ses à pro pos de leurs frè res, les pa pil lons.

bla fard	cré du le	ab ba tial	pro met tre
bles sé	crus ta cé	ac cos ter	grif fe
blot tir	dra me	ad di tion	il lus tre
bra ve	drô le	af fi che	is sue
bril ler	flat teur	ag gra vé	oc cu pé
brû lé	frap pé	al ler	of fi cier
char te	fre lon	an ne xe	hor ri ble
cher cher	glis ser	ap pli qué	mil le
chi mie	gra pil ler	ar rê ter	truf fe
chi rur gie	gref fe	as sis ter	fos sé
chry san thème	grot te	at tri bué	bret teur
clas se	i gno ré	el lip se	
cli ché	phos pha te	em ma ga si ner	
clo che	phti sie	en nu yer	

LE BONHEUR

DU PETIT JEAN

Le petit Jean, que nous voyons ici, est un charmant enfant, aimant beaucoup l'étude. Son plus grand bonheur est d'être assis devant le livre des *Premières Lectures*, d'en admirer les jolies gravures, et de lire les histoires qui y sont racontées.

Si Jean continue à bien étudier, il sera un jour très savant.

ban dit	bam bin	Pé kin	cein tu re
Can tal	gam ba de	min ce	fein te
dan ser	jam be	pin ce	pein tu re
fan tas sin	lam pe	sin ge	frein
gan grè ne	tam pon	zinc	des sein
han gar	ben ga li	gim blet te	cym ba le
jan vi er	cen ti me	lim pi de	gym na se
kan gu roo	den tel le	nim be	tym pan
lan de	len til le	sim ple	tri bun
man chon	men son ge	bain	au cun
nan ti	pen du le	mon dain	punch
pan tin	sen tir	vi lain	brun
quan ti té	ven dre	main	im por tun
ran çon	mem bre	de main	par fum
san gli er	as sem blée	pain	hum ble
Tan ta le	Ro bin	daim	à jeun
Van da le	din don	faim	bou cle
			cou teau
			dou blé
			gou lot
			jou jou
			bon don
			fon du
			gon do le
			mon ter
			â non
			han ne ton

Mabel F. Taylor

LÀ SŒUR DU MARIN

Je serai marin, disait Henri à Germaine, en montrant la vaste mer, si grande qu'on ne pouvait en voir la fin.

Henri riait, et il était heureux.

Mais, Germaine regardait tristement la vaste mer, si grande. Elle pensait que, si son frère était marin, elle ne le verrait plus chaque jour, comme à présent.

bom be

com plet

gom me

Lom bard

pro nom

pom pe

som bre

lou ve

mou ton

pou let

sou ris

tou pie

voû te

ra bais

cais son

dais

af fai re

gai

hai ne

jais

lait

mai son

rai sin

sai son

geai

bey

dey

bei gnet

meil leur

nei ge

pei ne

rei ne

sei ne

vei ne

bau det

cau che mar

fau tif

Gau lois

jau ne

mau vais

pau vre

sau mon

tau pe

vau tour

eau

beau

cer ceau

far deau

ta bleau

an neau

trou peau

ba teau

veau

beur re

bœuf

cœur

œuf

feu

jeu

meu le

mœurs

nœud

peu ple

sœur

a veu gle

vœu

bi ble

fil le

mil let

pil la ge

quil le

ril let te

sil la ge

til lac

tra vail

houil le

mouil ler

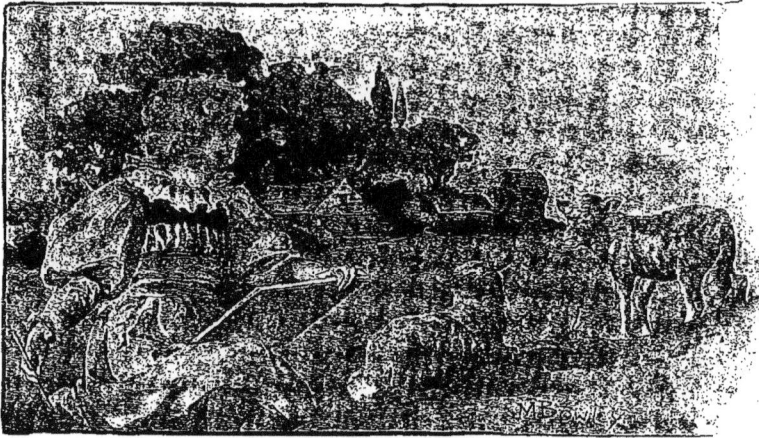

AUX CHAMPS.

Venez, petite amie, avant que le soleil ait brûlé le gazon. Venez vous asseoir dans la prairie, où paissent les blancs moutons.

Prenez vos crayons, vos pinceaux, et essayez de copier ce joli paysage.

Voici déjà votre agneau favori qui vient se coucher devant vous, comme s'il devinait que vous voulez faire son portrait.

Allons, jeune artiste, à l'ouvrage!

Biar ritz
Dia mant
fia cre
lia ne
pia no
Sia mois
gra cié
pé tri fié
dé lié
es tro pié
siè ge
a mi tié
en nu yé
diè te
fiè vre
miè vre
niè ce
siè cle
bio gra phie
dio ra ma
kios que
cha riot
vio let te
au da cieux
a dieu
lieu te nant
mieux
é pieu
rieu se
mon sieur

vieux
chiour me
in sou ciant
é tu diant
mé fiant
riant
vian de
bien
an cien
chien
lien
mien
rien
sien
Pa ri sien
al cyon
ré gion

lion
u nion
rions
na tion
bois
coif fu re
doit
foi
bour geois
joie
loi
noix
poi son
soi rée
voi tu re
ba bouin

coin
Bé douin
foin
loin
moins
point
couar di se
doua ne
loua ge
roua ge
boué e
se coué
doué
joué
loué
mou et te

LES CANETONS DÉSAPPOINTÉS

Deux canetons, las de barboter dans la mare, entrèrent dans une cuisine pendant que la cuisinière était sortie.

— Bonne affaire ! dit le premier, montrant un plat posé dans un coin. Il doit y avoir là quelque chose de bon.

Ils sautèrent sur le bord du plat ; mais ils le trouvèrent vide.

— Quoin ! Quoin ! cria, d'un air de reproche, le second caneton à son frère.

— Quoin ! Quoin ! Quoin ! répartit celui-ci en colère.

Tandis qu'ils se disputaient la cuisi- nière rentra ; et elle s'empara d'eux pour les mettre en fri- cassée.

noué	at tri bua
roué	Jua ni ta
a voué	re flua
jou ant	nua ge
lou ant	qua li té
Rouen	rua de
oui	sua ve
en foui	duè gne
é blouir	Suè de
ré joui	buis son

cui si ne	nuit
en duit	pui ser
fui te	ac quit
gui	rui ne
hui le	sui te
juil let	san guin
lui sant	juin
muid	Ar le quin

LES PLANTES
VIVENT

On dit, fit Louise, que les fleurs sont vivantes comme les animaux, et je le comprends très bien.

Elles sont d'abord petites comme les enfants; puis elles grandissent, elles vieillissent et se fanent. Elles deviennent courbées et ridées comme les gens âgés. Elles meurent de faim et de soif quand on oublie de leur donner de l'eau.

Je crois parfois, ajouta Louise d'un air pensif, reconnaître leurs gentils visages, entourés de fraîches collerettes de pétales. Ou bien il me semble voir les petites herbes des champs danser gaiement des rondes comme nous le faisons nous-mêmes.

LES SAISONS

Q : En combien de saisons divise-t-on l'année ?

R : On divise l'année en quatre saisons, chacune de trois mois ; ces saisons se nomment le *Printemps*, l'*Été*, l'*Automne* et l'*Hiver*.

Q : D'où vient la différence de température qui existe entre les saisons ?

R : La différence de température qui existe entre les saisons est causée par la différence de la position occupée par la terre pendant le voyage qu'elle fait durant l'année autour du soleil.

Q : A quelle époque commence chaque saison ?

R : Le printemps commence le 20 mars, l'été le 21 juin, l'automne le 22 septembre, et l'hiver le 21 décembre.

Q : Quel est l'aspect général de l'hiver ?

R : En hiver il fait froid ; la neige couvre la terre ; l'eau des rivières et des ruisseaux se change en glace ; les arbres n'ont plus de feuilles ; les jours sont courts, les nuits longues ; lorsque l'air n'est pas très froid il est humide à cause de la pluie ou du brouillard.

Q : Quel est l'aspect du printemps ?

R : Au printemps le soleil a plus de force, la neige fond, les arbres se couvrent de verdure, la température est moins froide.

Q : Quel est l'aspect de l'été ?

R : En été la chaleur est grande et parfois pénible à supporter. Les orages sont fréquents ; c'est l'époque où la terre produit en abondance des fleurs et des fruits.

Q : Quel est l'aspect de l'automne ?

R : En automne on a encore des orages et des journées très chaudes ; mais on a aussi des jours froids ; les feuilles des arbres jaunissent et tombent.

LES HIRONDELLES

Suzanne et sa
sœur Henriette
prenaient plaisir
à suivre du re-
gard les mou
vements d'une
famille d'hiron-
delles qui avait
son nid près du
toît de la mai-
son.

Un jour, elles
remarquèrent,
parmi les gentils
oiseaux, une ani-
mation extraordi-
naire.

— Ne vous en
étonnez pas, mes enfants, dit leur maman. Nous sommes en automne,
et les hirondelles se préparent à nous quitter pour aller passer l'hiver
dans un pays plus chaud que le nôtre.

Henriette envoya de la main un baiser aux voyageuses, et n'y pensa plus.

Mais Suzanne s'attrista de leur départ et, dès les premiers beaux jours, elle se mit chaque matin à la fenêtre pour voir si ses chères petites amies revenaient.

Elle attendit longtemps. Mais enfin Suzanne vit un jour apparaître une nombreuse troupe d'hirondelles, et ses fidèles amies revinrent au nid qu'elles avaient quitté.

Le Pain. — Le Blé

Q : Avec quoi fait-on le pain?

R : On fait le pain avec de la farine.

Q : Qu'est-ce que la farine?

R : La farine est du blé réduit en poudre, et d'où l'on a enlevé le son.

Q : Qu'est-ce que le son?

R : Le son vient de l'enveloppe du grain de blé, qui a aussi été réduite en poudre, et qui rendrait la farine mauvaise si on ne l'enlevait pas.

Q : Comment réduit-on le blé en farine?

R : On réduit le blé en farine en se servant d'un moulin.

Q : Qu'est-ce qu'un moulin?

R : Un moulin est une machine composée de deux grandes pierres très dures, nommées meules, entre lesquelles le grain est broyé. Le mécanisme qui met ces meules en mouvement marche au moyen du vent, de l'eau ou de la vapeur.

Q : Comment cultive-t-on le blé ?

R : Après avoir préparé la terre, on y creuse des raies assez profondes, ou sillons, dans lesquels on sème les grains de blé. On recouvre ensuite ces grains d'une couche de terre.

Q : Que devient le blé dans la terre ?

R : Le grain de blé se ramollit, puis à l'intérieur un germe se forme, se développe, et perce la couche de terre qui le recouvre, pour cher- cher l'air et la lumière. Il grandit, et au prin- temps, le champ de blé est couvert d'une herbe épaisse.

Q : Comment cette herbe devient elle des grains bons pour faire du pain ?

R : Les tiges grandissent, puis les épis paraissent, avec des grains d'abord blancs et mous, renfermant une sorte de lait sucré. Ensuite ces grains jaunissent et dur- cissent, pour la récolte du blé, qu'on nomme la moisson.

L'Emploi du temps

Certains enfants répètent qu'ils s'ennuient, qu'ils ne savent pas à quoi s'occuper.

Ces enfants-là sont très malheureux, sans doute ; mais ils le sont par leur faute. Ils ne songent qu'à s'amuser, et le jeu même finit par les ennuyer.

S'ils employaient leur temps alternativement à des occupations sérieuses et à des jeux, tout, même l'étude ou le travail, deviendrait pour eux un plaisir.

Ils feraient mieux de prendre exemple sur la charmante famille que vous voyez ici.

Ces quatre enfants : Yvonne, Renée, Marie et Adrien, ne restent jamais un instant inoccupés. Ils mettent au travail la même ardeur qu'au jeu.

Tandis qu'Yvonne, pour devenir une bonne ménagère, aide le vieux cuisinier, qui lui enseigne à faire la pâtisserie, sa sœur Renée étudie ses leçons.

Plus loin, Adrien et Marie, ayant achevé leur tâche, font gaiement une partie de volant.

Les petits Lapins à l'École

Q : Combien y a-t-il de règnes dans la nature ?

R : Il y a trois règnes dans la nature ; le règne minéral, le règne végétal et le règne animal.

Q : De quoi se compose le règne minéral ?

R : Le règne minéral comprend les richesses qui se trouvent dans les entrailles de la terre : le sel, la houille, les métaux, les pierres précieuses.

Q : Que comprend le règne végétal ?

R : Le règne végétal comprend toutes les plantes, depuis les plus grands arbres jusqu'aux plus petites herbes.

Q : Que comprend le règne animal ?

R : Le règne animal comprend tous les animaux, c'est-à-dire tous les êtres organisés plus ou moins parfaitement pour se nourrir afin de conserver leur existence.

Q : Les plantes, qui appartiennent au règne végétal, vivent-elles comme les animaux ?

R : Elles naissent, vivent et meurent comme les animaux, mais elles ne peuvent pas, comme eux, se transporter d'un endroit à un autre.

Q : Dans quel règne doit-on placer l'espèce humaine ?

R : Dans le règne animal

HISTOIRE D'UN PERROQUET

Coco, perroquet superbe, faisait la joie de ses petits maîtres. Pourtant il était méchant et colère.

Un jour, Gaston, tenant l'oiseau sur sa main, se préparait à lui donner du sucre, quand sa sœur Thérèse dit :

— Laisse - moi lui en donner la première.

Le bon garçon retira sa main, tenant le sucre. Ceci fâcha Monsieur Coco, qui, d'un furieux coup de bec, lui fit une cruelle blessure et manqua de lui crever un œil.

Les parents de Gaston, épouvantés, firent tordre le cou au méchant perroquet.

Être beau ne suffit pas; il faut encore être bon.

CONTE DE FÉE

Quand la neige est tombée et qu'il fait froid dehors ; dans la chambre bien chaude, et sous les blancs rideaux du petit lit moelleux que votre mère veille, à quoi rêvez-vous, fillette?

— Je rêve à la mignonne fée, couronnée de fleurs parfumées,

qui, dans le jardin, vient s'asseoir sur son trône de blancs muguets, en tenant à la main un sceptre de lis et de roses

Pour me faire oublier l'hiver triste et morose c'est la fée du Printemps, qui vient me visiter en songe!

LES CINQ SENS

Q : Qu'appelle-t-on sens ?

R : On appelle sens le pouvoir que nous avons de reconnaître les qualités des objets extérieurs

Q : Combien avons-nous de sens ?

R : Nous avons cinq sens : la vue, l'ouïe, l'odorat, le goût et le toucher.

Q : Qu'est-ce que la vue, et quel est l'organe de ce sens ?

R : La vue, qui a l'œil pour organe, nous fait jouir de la lumière, et nous fait distinguer la forme, la couleur, tout l'aspect des objets extérieurs.

Q : Que signifie le mot organe ?

R : Le mot : organe, signifie instrument.

Q : Qu'est-ce que l'ouïe et quel en est l'organe ?

R : L'ouïe, qui a l'oreille pour organe, est le sens par lequel nous apprécions les sons.

Q : Qu'est-ce que l'odorat ?

R : L'odorat, dont l'organe est le nez, est le sens par lequel nous apprécions les odeurs

Q : Qu'est-ce que le goût ?

R : Le goût, qui a pour organes la langue et le palais, est le sens par lequel nous apprécions les saveurs.

Q : Qu'appelez-vous saveur ?

R : La saveur est la sensation produite sur la langue et sur le palais par les objets que nous mettons dans notre bouche.

Q : Qu'est-ce que le toucher ?

R : Le toucher, dont la faculté existe par tout le corps, et surtout dans la main, est le sens par lequel on connaît les qualités palpables des corps

Fable à apprendre

LE RENARD & LES RAISINS

Georget, en châtiment de quelques gros méfaits,
Fut privé de dessert! Effroyable aventure!
Car (on le sait), gâteaux et confiture,
Ont, pour Georget, d'invincibles attraits.
Mais, cependant, faisant bonne figure
A mauvais jeu. Pour de tels accidents,
Ferme et stoïque; il dit, tâchant de feindre :
— Je n'en veux pas! Cela fait mal aux dents!
(Fit-il pas mieux que de se plaindre?)

La Leçon de Jeannette

La petite Jeanne voulut un jour enseigner à Rip, son bon chien noir, à garder un morceau de sucre sur son nez pendant qu'elle compterait jusqu'à dix.

Mais Rip, gourmand et paresseux, jetait aussitôt le sucre par terre, et se dépêchait de le croquer.

— C'est très mal, Monsieur Rip, dit Jeanne fâchée, de ne pas écouter la leçon de votre petite maîtresse.

Mais, soudain, elle devint toute rouge en entendant le perroquet, dans sa cage répéter ce que la maman de Jeanne disait chaque jour en lui donnant sa leçon de lecture :

— C'est très mal, Mademoiselle Jeanne, de ne pas écouter la leçon de votre maman.

Le Vin. — Le Raisin

Q : Avec quoi fait-on le vin ?

R : On fait le vin avec du raisin

Q : Comment fait-on le vin ?

R : Pour faire le vin, on met le raisin dans une grande cuve. Quand la cuve est pleine, un homme monte dedans et foule aux pieds le raisin, qui, ainsi écrasé remplit la cuve de jus, tandis que les enveloppes des grains montent à la surface.

Q : Quel nom donne-t-on au jus qui emplit alors la cuve ?

R : Ce jus s'appelle *moût*, et l'on donne le nom de *marc* aux pelures et aux pépins qui flottent sur le liquide.

Q : Ce liquide ou *moût* est-il déjà du vin ?

R : Non; pour qu'il devienne du vin, on doit le laisser fermenter. Au bout de deux ou trois jours la vendange *bout*, c'est-à-dire que des bulles de gaz soulèvent le marc, comme si, en effet, le liquide bouillait. Il est alors très dangereux d'entrer, sans avoir eu la précaution de renouveler l'air, dans l'endroit où est la cuve, car on pourrait être asphyxié.

Q : A quelle époque ont lieu les vendanges ?

R : Les vendanges ont habituellement lieu vers le mois de septembre ou d'octobre.

LES CHATS & LES SOURIS

Deux jolis chats, très gâtés par leurs maîtres, s'en allèrent un jour faire un tour de promenade.

Une grande souris, qui vivait dans la même maison qu'eux, se réjouit en les voyant partir, et courut dans l'écurie inviter une de ses petites amies à se régaler avec elle des mets friands restés sur la table des maîtres.

Elle la trouva occupée à ronger une chandelle de suif dans une vieille lanterne.

— Venez vite ! dit-elle en l'entraînant dans la salle.

Elle lui offrit les friandises qui étaient dans un plat d'argent.

— Hâtons-nous, reprit-elle, effarée, avant que les chats reviennent.

— Vous pensez donc qu ils vont venir? demanda la petite souris.

— Oui! Et ce serait terrible! fit l'autre, épouvantée à cette seule idée. Ils nous croqueraient!

— Alors, je vous quitte! reprit sa petite amie. Je préfère ronger tranquillement mon repas dans la vieille lanterne où je suis en sûreté que de partager votre friand régal en craignant d'être moi-même dévorée par le chat.

L'Air, l'Eau, la Lumière et le Feu

Q : Qu'est-ce que l'air ?

R : L'air est un fluide, entourant la terre, et formant l'atmosphère sans laquelle nous ne pourrions pas vivre.

Q : Qu'appelle-t-on *fluide?*

R : On appelle *fluide*, par opposition à *solide*, ce qui n'a pas de consistance.

Q : Qu'est-ce que l'eau ?

R : L'eau est un liquide sans couleur et sans goût.

Q : Où se trouve l'eau ?

R : L'eau se trouve dans l'atmosphère, en vapeur, en pluie, en neige, en brouillard, en rosée, ou bien elle vient de la terre; et on la trouve dans les mers, les fleuves, les rivières; elle rafraîchit le sol par des ruisseaux et des sources.

Q : D'où nous vient la lumière?

R : La lumière nous vient du soleil pendant le jour, et des autres astres pendant la nuit.

Q : Comment remplace-t-on, quand il fait nuit, la lumière du jour?

R : On remplace la lumière du jour par une lumière artificielle; qu'on obtient en brûlant certains corps combustibles, tels que la graisse, l'huile, l'essence, le gaz.

Q . D où provient le gaz servant à l'éclairage?

R : Le gaz servant à l'éclairage provient de la distillation de la houille.

Q : Le feu ne sert-il qu'à nous réchauffer ou à nous éclairer?

R : Non. Ses usages sont presque innombrables. Il sert pour faire cuire nos aliments, et pour la fabrication d'une foule d'objets. Il modifie la nature de certains corps bruts quand on les expose à son action. Le fer, le plomb, l'argent et la plupart des métaux doivent passer par le feu avant d'être employés.

MIRZA & SA PETITE FAMILLE

Ma bonne, donne-nous les petits chiens ! dirent ensemble Henri et Gaston.

La bonne y consentit et apporta les deux petites bêtes, en laissant à la porte leur mère, Mirza, la bonne chienne, qui pleurait d'une façon lamentable.

Les pauvres toutous aussi poussaient des cris plaintifs pour l'appeler à leur manière.

Mais Gaston et Henri ne remarquaient pas tout ce chagrin.

Comme ils ne voulaient pas faire de mal aux petits chiens et qu'ils étaient très contents de les voir, ils pensaient que ceux-ci devaient être contents de même.

La pauvre Mirza, voyant que la porte restait fermée, alla sauter et crier à la fenêtre de la salle, d'où l'on apercevait celle de la chambre de ses petits maîtres.

Alors seulement Henri remarqua son museau qui frappait la vitre.

— Mirza appelle ses petits enfants, dit-il ; il faut la faire entrer.

Gaston courut ouvrir la porte, et Mirza, folle de joie, accourut si vite qu'elle manqua de le renverser.

Elle bondit sur le lit, et les petits toutous consolés se mirent gaiement à jouer avec Henri et Gaston.

Il n'y a pas de bonheur possible pour des enfants quand ils sont séparés de leur mère,

Les Petits Sonneurs de cloches.

Ding Don ! Ding don ! Sonnez cloches et bourdons !
Ding Don ! Ding don ! Sonnez joyeux carillons !

Din, din, din, drelin, din, din ; din, din ;
Din, din, din courons vite au jardin !

J'entends dire que les cloches
A tous les gentils enfants,
Vont apporter dans leurs poches
Beaucoup de jolis présents !

Tout là-bas, sous la charmille,
Où les oiseaux font leurs nids,
La cloche, bonne et gentille,
Met pour nous, grands et petits,

Jolis œufs en sucre rose,
Bonbons, gâteaux et joujoux ;
Que dans Rome, je suppose,
On avait gardés pour nous.

Parfois (à ce qu'on assure),
La cloche fâchée y met,
Sans joujoux ni confiture,
De verges un gros paquet !...

Vous jugez de la surprise !...
Mais moi je ne crains pas, — non ! —
Une si triste méprise,
Car je suis toujours mignon !

FIN

www.ingramcontent.com/pod-product-compliance
Lightning Source LLC
LaVergne TN
LVHW052150080426
835511LV00009B/1776